KOPANO MAROGA
Die Jesusthese und andere kritische Fabulationen

CONTENT NOTE
DARSTELLUNGEN VON
NACKTHEIT
UND SEXUELLEN
AKTEN

Titel der Originalausgabe:
Jesus Thesis and Other Critical Fabulations © Kopano Maroga, 2020
Published by Arrangement with uHlanga

Aus dem Englischen übersetzt von Ralph Tharayil
Coverbild: © Kopano Maroga
Die Übersetzung wurde durch eine Förderung des Deutschen Übersetzerfonds unterstützt.

 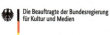

Bibliographische Informationen der Deutschen Nationalbibliothek
Die Deutsche Nationalbibliothek verzeichnet diese Publikation in der Deutschen Nationalbibliographie; detaillierte bibliographische Daten sind im Internet unter www.dnb.de abrufbar.

Fotocollagen: Kopano Maroga
Coverfotos: Elijah Ndoumbé I elijahndoumbe.com
Covergestaltung und Satz: Abel Rosenstiehl I abelrosenstiehl.com
Schriftart Cover: Bumpy by Beatrice Caciotti I beatricecaciotti.com
Bumpy ist eine variable Schriftart, die als Ergebnis einer experimentellen Untersuchung über die Beziehung zwischen Geschlechterstereotypen und Schrifttypen entwickelt wurde.
Druck: booksfactory
Printed in the EU

Die Jesusthese und andere kritische Fabulationen
Erste Auflage 2023
© akono Verlag, 2023
ISBN: 978-3-949554-11-7
ISBN (E-Book): 978-3-949554-22-3
akono.de

DIE JESUSTHESE
und andere
kritische Fabulationen

Gedichte von

KOPANO MAROGA

aus dem Englischen von Ralph Tharayil

zweisprachig

akono

Danksagung

Ich möchte damit beginnen, mich bei meiner Familie zu bedanken, sowohl bei der leiblichen als auch bei der gewählten, die mich auf so vielfältige Weise durch die Turbulenzen meines Lebens, und auch während ich dieses Buch schrieb, gestützt hat: meiner Mutter Nomvuselelo Pemba, meinem Vater Jacob Maroga und meinen Geschwistern Sello und Reatliwe. Ein besonderer Dank geht an meine lieben Freund*innen und Liebhaber*innen, die dieses Buch auf die eine oder andere Weise mit mir getragen haben: Mlondiwethu Dubazane, Nomi Blum, Cullan Maclear, Mmakhotso Lamola, Jan Wallyn, Luvuyo Equiano Nyawose, Maneo Mohale, Dani Kyengo ONeill, Lindiwe Mngxitama, Nonhle Skosana, Jesse Navarre Vos, Ugo Woatzi, Brooklyn Dahmer & Elijah Ndoumbé. Ohne euch alle wäre dies niemals möglich gewesen.

Ich möchte Nick Mulgrew von uHlanga Press ein großes Dankeschön dafür aussprechen, dass er an diese Gedichte geglaubt hat. Für dein aufmerksames und hinterfragendes Auge beim Lektorat und dafür, dass du mich auf dieser Reise mit Neugierde und einer sorgenden Hand begleitet hast. Dein Beitrag zu dem, was dieses Buch geworden ist, ist unermesslich.

Die Bilder in diesem Buch sind in Zusammenarbeit mit den folgenden Fotograf*innen entstanden: Elijah Ndoumbé für die vordere und hintere Umschlagseite, das Porträt des/r Autor*in und Seite 72; Jesse Navarre Vos für die Seiten 12, 26, 31 and 42, 166 und 100-101; Ugo Woatzi für Seite 137 und Brooklyn Dahmer für Seite 195.
Herzlichen Dank an euch alle, dass ihr dieses Projekt in so vielen verschiedenen Varianten mit mir in die Welt gesetzt habt.

🏵

ode to brandon cody ending in a rainstorm of flowers und *nectar* wurden zuerst in einer Sonderausgabe für das Bâtard Festival in Brüssel, Belgien, und später in der Eröffnungsausgabe des Kabaka Magazins veröffentlicht, das von Chibuihe Achimba und Romeo Oriogun Ende

2018 gegründet wurde. *jesus thesis* ist ebenfalls in der ersten Ausgabe des Magazins Kabaka erschienen, und wir danken Pieter Odendaal für das sorgfältige Lektorat. *at swim, two boys* erschien zuerst in Band II von 20:35 Africa: An Anthology of Contemporary Poetry mit Dank an die Gastherausgeber*innen Yasmin Belkhyr und Kayo Chingonyi und ihr Team.

Diese Arbeit ist das Ergebnis meines Master of Arts in Interdisciplinary Studies in Public Spheres and Performance Studies an der Universität Kapstadt. Mein großer Dank gilt dem Institute for Creative Arts, bei dem ich ein*e MA-Stipendiat*in war, und dem Centre for Theatre, Dance and Performance Studies, bei dem ich meine Qualifikation erworben habe, sowie der Andrew Mellon Foundation, die mein Studium finanziert hat. Ein ganz besonderer Dank geht an meine Betreuer*innen Jay Pather und Mbongeni Mtshali für ihre Anleitung, Mentor*innenschaft und Provokation während dieses Prozesses. Ich bin euch beiden sehr dankbar für eure Unterstützung während des Stipendiums und durch die Dunkelheit hindurch.

Ein zusätzliches und ganz besonderes Dankeschön an Ralph Tharayil für die gewissenhafte deutsche Übersetzung dieser Sammlung und an Jona Elisa Krützfeld vom akono Verlag für die Veröffentlichung dieses Buches mit so unnachahmlicher Sorgfalt.

Danke, Gott, dass du mich zu einem Samenkorn gemacht und in einen so reichen Boden gepflanzt hast.

INHALT ☞

CONTENT

»*Wenn Gott wirklich allmächtig und allgegenwärtig ist, dann ist alles ein Gebet.*«

JULIE NXADI

für judas

MANN DER SCHMERZEN, ZARTER SPROSS

Obwohl viel über die frühe Kindheit von Jesus von Nazareth und die Predigten aus seinen späten Zwanzigern bekannt ist, gibt es keine historischen Dokumente, die uns helfen, mit Gewissheit zu ergründen, was unser lieber Herr und Erlöser wo zwischen dem zwölften und neunundzwanzigsten Lebensjahr getrieben hat:
Die verlorenen Jahre Jesu.

Einige Gelehrte sind der Auffassung, dass er zu jener Zeit mit hoher Wahrscheinlichkeit bei seinem Vater Joseph in der Tischlerlehre war. Mit dem Aufkommen der Artuslegenden im Spätmittelalter verfestigte sich die These, dass der junge Jesus in Britannien gewesen sein soll. Im 19. und 20. Jahrhundert begannen Theorien aufzutauchen, die besagten, dass Jesus stattdessen Kashmir besucht oder in der Wüste von Judäa bei den Essäern studiert habe.

Es existiert jedoch noch eine andere Theorie, wie Jesus jene Jahre verbracht hat …

jesus war ne schwuchtel
jesus mochte's hart
jesus war masochist
jesus mochte peitschen, mochte ketten
(manchmal auch nägel)
jesus hatte ein safe word
niemand kann sich daran erinnern
niemand traut sich

jesus war femme
seine hände waren so schlaff
dass sie seine gelenke geradenageln
ihn in die konversionstherapie schicken mussten
jesus hat es nicht geschafft
jesus' mutter weinte
jesus' mutter weinte
jesus' mutter weinte

jesus war ne drag queen
jesus hat geposed
für   die   götter*
jesus hatte nen drag namen
jesus hatte viele drag namen
jehovah gyrate
jehovah nississy
jehovah scham-lom

prinz der penisse
prinz in stücken

jesus war ein power bottom
jesus hatte daddy issues
jesus war ein dzaddy
jesus war ein otter
jesus war ne cum slut
ein heiliger in sperma gehüllter geist
jesus ließ so viele männer in sich
dass er ein ozean wurde

seine geliebten
menschenfischer

jesus wusste nicht wie man grenzen setzt
jesus praktizierte ethische polyamorie
er gab und gab bis nichts mehr von ihm übrigblieb
und an dem tag, als er verschwand
wurde sein körper zu einem grab
und jesus weinte
gott, weinte jesus

---

die jesusthese

I.

kennst du die geschichte mit dem
boi und theiren wolfsruf
theiren tränen, die sich ins fleisch brannten
bis nichts mehr übrig war als knochen

    was sie dir nicht sagen
    trauer ist ein rudeltier
    sie jagt um zu töten!
    sie pirscht fürs fleisch

II.

es war einmal wahr, dass ein kummer
sich in theiren rücken verschanzte und
es wuchs, die wirbelsäule umarmend,
ein nest aus glas, so ein körper
kann vieles sein, selbst porzellan
in einem dunklen schrank

III.
in einer welt, in einer anderen welt
verwandelt das zermahlene glas in theirem rücken
sich zu federn aus kristall. geweiht seien they:
schutzheilige der trauernden wölfe am flügelaltar

    mondsgeheul
    ein lichter ruf an alle ungequälten geister
        zurück ins grab mit euch!
    die toten, auch sie brauchen ruhe

    in einer welt, in einer anderen welt
    werden wir die dünen unseres leids
    durchstreifen und jede traurigkeit beim
    namen nennen und ein mahl zubereiten
    in dieser tundra

    wir werden essen, bis wir satt sind
    und weinen, bis wir ertrinken

flügel

heilig heilig heilig die flasche
heilig das blackout
heilig die vier stunden schlaf
heilig der schädel
heilig das licht des tages
heilig der kater
heilig die pille und die pillen danach
heilig die entwirrung
heilig der frühe suff
heiliger geist
bring mich an den ort an dem judas jesus küsste, heiliger
ich möchte erinnern wie er schmeckte, heiliger
mach mein wasser zu wein, heiliger
schmink mein gesicht mit deinem heiligen samen, heiliger
lass mich weiter knien, heiliger
fick mich bis zur weihung, heiliger
fick mich glücklich, heiliger
fick mich gerade, heiliger
hilf mir durch einen weiteren tag, heiliger

amen
wieder und
wieder, amen

morgenmahl

gelobt seien die sanften
gelobt die körper, die mit füßen getretenen
gelobt sei das süße licht der trauer, das
uns immerfort gen himmel ruft

gelobt sei die entrüstung, und das schweigen
    die stille gewalt, die sich selbst nicht nennt,
aber sich erhebt mit unserer stimme und sagt
dass unsere zeit vorbei ist, jetzt, in dieser dunklen stunde

oh! die jahrtausende der schlaflosigkeit, die
gebrochenen herzen zu unseren füßen!
ein unteilbares rotes
meer!

        wenn man* einen schwarzen körper erschießt
          erschießt man* sein gebet
            sie wissen es nicht:
      // hände hoch bitte nicht schießen//
        eine verkettung klatschender hände
      //hände hoch bitte nicht schießen//
          eine beschwörung von geistern
      //hände hoch bitte nicht schießen//
             ein urquell
      //hände hoch bitte nicht schießen//
        verschüttetes blut ist weihwasser
      //hände hoch bitte nicht schießen//

sie wissen nichts von der freude und der kolik und den
gräbern, unseren rufen, unserem ritual der wachen angst
und den rastlosen knochen, sie wissen nichts von den
ahnen und den opfern, vom verwelkten rücken, den
geschenken und gaben und dem schamlosen kummer, der
keinen namen hat und deinen namen als ganzes ver-
schlingen wird

sie wollen mitfahren, aber den preis fürs ticket
nicht zahlen

meine mutter hat eine stimme mein vater hat ein gesicht
als ich auf die welt kam, tauften sie mich auf den
namen einheit
damit sie nie zwei sein müssten und ich, wenn alle
stricke rissen,
mich an meinem zwillingsnamen würde festhalten können

die arbeit:
zu lieben, bedingungslos
unendlich zu lieben, zu geben
habe ich ja nur liebe also gebe
ich und gebe, ohne rücksicht

auf verluste, bis meine brust prismatisch in sich
selbst kollabiert
und der gott der kleinen dinge nimmt mich zu sich
und teilt mich
und noch mehr, noch viel mehr liebe gibt es zu
verschenken
und gelobt sei das endlose wunder der liebe in alle

ewigkeit zu wissen, der kelch quillt
übervoll, er wird geleert und wird gefüllt
gelobt sei das wunder der beiden hände
die hand, die empfängt und die hand, die vergibt

gelobt sei die demut, in sanftmut begraben
gelobt die knie, gebrochen auf knien
es gibt einen platz für dich am tisch der unsterblichen
und wenn sie kommen, um dich zu holen

lass sie wissen, dass du wahre liebe erfahren
dass du wahre liebe gegeben hast und dass du
deshalb nichts zu befürchten hast, lass sie wissen
vom echo der schwarzen nacht, die dein leben war

dass die tränen die scham deiner augen nicht kannten
dass du dein brustbein geöffnet, einen
sicheren hafen gemacht hast aus dir, der
alles in sich aufnahm, das zerbrechlichste auch

lass sie wissen, dass du gebrochenes brot warst, verschütteter wein
heilig! heilig! heilig!
dreifaltig die segnung, und die gunst, lass sie wissen:
es wird deine grabstätte sein, die samen bringt

trauerlied

wenn ich keine fragen stelle,
brauchst du auch nichts sagen.
ich dachte, ich würde
damit durchkommen.

wenn du deine augen genau im moment
der kollision schließt, würden es dann alle
lebend aus dem auto schaffen?
ich dachte, ich würde damit durchkommen

unser erinnerungsvermögen
kommt menschlicher kryonik am nächsten
wir, die wir schon längst dabei sein
sollten den mars zu besiedeln

wir, die wir morgens kaum die augen
aufkriegen und begreifen können was
wir hier angerichtet haben, uns wurden doch
fliegende autos versprochen

hätte ich meine augen in dem moment
geschlossen, als alles schon vorbei war
lägen vielleicht weniger pillen
auf meinem küchentisch. und weniger

papier, das aufquillt mit den worten:
warum warum warum

ich verspreche
dass es eine welt gibt in der wir
uns nicht entwirren mussten.

ich verspreche
dass es eine welt gibt in der wir
einfach nur gut zueinander wären.

ich verspreche
dass es eine welt gibt in der ich
durchschlafe, die ganze nacht und
in der du mich nie verlassen hast und
in der ich nie geschrien hab und
in der nichts zu bruch gegangen ist und
in der es keine nähte oder narben gibt
eine welt in der das werk des heilens vollbracht ist

ich verspreche es
aber dieses versprechen hier
ist es nicht

frag nicht

und so nimmt es seinen lauf
das verschwinden
die socke im trockner
das wasser in der lunge

der damm bricht
und wir schwimmen nie wieder
wagen nie wieder unsere zehen
in die unendliche möglichkeit
des untergangs zu dippen

jedes gewässer ist ein begräbnis
ohne mangel wissen wir nicht vom hunger
wir wissen nicht von der präsenz ohne
ihren schatten, ohne abszenz

ich versuche hier nur was tiefgründiges über verlust zu sagen
aber was soll ich sagen: wenn du checkst wovon ich rede,
checkst du's halt, und dann weißt du auch:

von Golgatha nach Galiläa

wirst du diese last tragen!

---

in der wüste wird nicht geweint

manchmal bin ich so einsam
dass sogar mein brustbein
hallt
das problem ist nur dass egal
    wohin ich gehe:
dieser verfluchte körper
kommt mit

epitheton

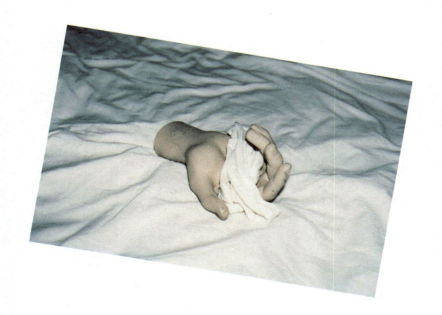

in der liebe rechne ich nicht
ohne verluste, im leben nicht
ohne den tod, im restaurant nicht
ohne rechner

manche dinge gehen auf
wie das laute sonnenlicht, das mich jeden morgen
erblickte hinter den vorhängen
und wie es wusste von der nacht
und meinen tränen

manche dinge gehen einfach auf
meine hand verkeilt zwischen meinen fingern
sie greift jetzt nach der unsichtbaren fläche
deines rückens
nach deinen locken, die sich gegen meine
stirn schmiegen
in den wellenlängen des lichts

wie du diesen berg erschaffen hast
wie du mein brustbein für eine klippe
gehalten hast, deine unterarme zum klettern
gemacht, deine hand gemacht, um orangen
zu häuten

die hemisphäre meines hirns summt irgendwas
von apokalypse, lerne mit geschlossenem
mund zu atmen
nenne den ertrinkenden körper Atlantis
beschwöre die körper unserer ahnen als könig*innen

es gibt keinen grund zu trauern um jene, die noch
nicht tot sind
es gibt keinen ort, um zu begraben, was weiterlebt
nenn es intergenerationelles trauma
nenn es den leisen schrei eines volkes
das noch nicht fertig ist mit diesem leben

---

sodom und gomorrah

und so wurde es winter
und so wurde ich hungrig
und so wurde jeder bissen
ein   wunder in stücken
jeder tropfen zur flut

also hieß es reiß alles
in armeslänge an dich
fäll die bäume
bau ein boot
nimm die tiere   zwei um zwei

wenn du so lebst, kannst du
von der abwesenheit deiner
sehnsucht leben
ich zählte die stunden
die nächte

die schatten
ein hunger machte mich aus
machte mehr von mir aus als ich selbst
meine stimme, ein echo ohne schall
meine hände, der nachklang einer biblischen geste

meine hände
und alles was sie berührten: asche
und wohin meine füße fielen: salz
und alles vom meeresgrund gehobene:
                dahin, dahin, dahin

---

lots frau und der name, den wir vergaßen

pharynx *(nomen)*:
    volllehre, offenscharfe
pharynx *(verb)*:
    füllen, fallen, flehen
    bersten vor vollfülle

ich kann nicht mehr schreiben wie früher
nicht wenn alles unter diesem schleier
des weingeistigen summens liegt
wenn nichts vibriert, aber alles
brummt und brummt und brummt
wie nachts der kühlschrank
oder die waschmaschine, die überschäumt
vor sich selbst

sorry, liebe leber
sorry, liebe niere
sorry, innereien
dreifältiges sorry, oh geweihter körper:
dreifältig vergessen
dreifältig milch vergossen
dreifältig die lippen entzweit
dreifältig öffnend die öffnung geöffnet

pharynx. das wort habe ich schon immer geliebt
die form, die dein mund annehmen
muss, um es zu sagen
die leere, die es hinterlässt
als ob es platz machte für sich selbst
mit der abwesenheit des wortes selbst
die idee, dass etwas bis zum rand gefüllt sein kann
mit nichts, so dass es eines wortes bedarf

ein ver*schwinden so vollkommen
dass es gestalt annahm

und sie wird dir geöffnet

I. (EI)
entschlüpf deinem trauma / dein trauma entschlüpft dir
was bleibt dann für dich
die jahrhundertalte frage
was zuerst da war
du oder dein trauma / dein trauma oder du

II. (TREPPE)
ich glaube
ich brauche ein licht
eine schere und etwas
williges fleisch
einen jungen mit
zu großen händen
das dunkle
hinter seinen
lidern

ich glaube
ich komme dem knien wieder nah
und der guten alten zunge, die im
gaumen zum leben erwacht
und raschelt
wie die blätter mit den
kirchenliedern

ich glaube
ich werde gott von der
kalten jahreszeit erzählen
wie ich die topografie meines körpers
durchwühlte
wie ein verrückter archäologe
auf der suche nach ruinen
von denen diese welt nie wusste

III.
schau mal, dad
ich bin jetzt ein monument!
lebendes zeugnis kolonialer kontakte
rastloser vektor
es ist wahr
schau her, ich beweis es dir!
wag es meinen kiefer zu öffnen und
mir zu sagen, dass du nicht um diese
weißen zähne weißt, die heller glänzen
als das teeset der queen

und wenn es einen mensch gibt, der weiß
wie gestohlenes silber zu polieren ist
dann wohl die queen, sie poliert
bis alles hell und heller glänzt
bis alles hell und heller schreit in ihr
    alles mein!
verdammt sei gott
wenn ich nicht schnell denke
wenn ich nicht verstehe, was
es mir bedeutet mein leben zu überleben

und trotz allem weiterzuleben
verdammt sei gott!

---

onkel tom will nicht mehr, (stell dir vor)

ich habe so viele geheimnisse
eine kollektion für jede
jahreszeit. wenn der frühling
kommt, bin ich die milch

die sauer wird im trüben zucker
ein eisbad aus schweiß und spucke und
ein bitten über bitten über bitte! der sommer
ist zum hungern da. ich esse, bis ich kotze

lecke den boden sauber, bis
die blätter bernstein sind und ich
stillliegen kann in meinem bett
unter blutigen, handbemalten decken

im winter träume ich, dass
die schatten so lang sind, dass
ich sie bis in die unterwelt ziehen kann
ich zähle, wovon ich wieviel habe

zähle die segnungen
verzeichne einen weiteren tod
es ist ganz still und ich frage, was
ich nicht zu fragen wage im licht der sonne:

1. wie fühle ich mich nach so was?
2. wie krieche ich zurück in die höhle meines
körpers und   3. soll ich feuer machen, damit mir warm
wird oder damit mir brandwunden bleiben?

um es mal deutlich zu sagen, ich
platze vor eigenem
verlangen! aasig! ich will einen
schwanz in mir, dieser
hunger kennt keine geraden!

ein mund hat alle namen und
sie sind alle zucker. ein mund hält
alle namen und sie sind einfach nur süß

man* kann das alles auch einfacher
sagen. ich glaube, der gedanke beginnt mit
fick und endet mit mich. ich *will*
dass du in mir endest, vom aufgang der sonne bis zu ihrem

untergang. von der dämmerung bis zum morgen
grauen. von der saat bis zur ernte. wenn wir das
korn zur richtigen zeit aus der erde ziehen, wenn
das korn zu schrot gemahlen, und das schrot

zu mehl wird, haben wir vielleicht gerade
genug brot, um diese zeitlose zeit
des hungers zu überstehen. dann könnte es
so etwas wie ein leben geben nach der liebe, ein un

geweihtes sakrament. also: heiliger geist, mutter
maria, sanfte gött*in der erektion,
kriegerin der feuchten zungen, apostelin der
klaffenden arschlöcher, ich bitte

dich. auf meinen knien, mit
ausgestreckter zunge flehe ich
dass man* mich füttert mit brot,
allein
      mit brot

---

beruhigende berührungen / auslaufender hunger

manche dinge ändern sich nicht
ich trinke wein immer noch
direkt aus der flasche, genau wie B_____
es mir beigebracht hat und sagte,
so machen es die brasilianer*

eine gepflogenheit, die er von seinem südamerikanischen lover
übernommen hatte und die ich,
jetzt,
als geheimnis hatte behalten wollen für mich

egal

die besten geheimnisse sind sowieso die, die du
nicht für dich behalten kannst und außerdem:
woher sollte ich sonst wissen, wieviel zeit vergangen ist
wenn ich sie nicht bemessen kann an meinem
torkeln down memory lane

    ich wünschte, ich könnte kreativer mit meiner trauer umgehen
aber die besten geheimnisse
sind die, die du nicht für dich behalten kannst
lass das hier also eine art adhoc abendmahl sein:
der für dich gebrochene leib

mein für dich gebrochener leib
wieder und wieder und wieder
verdammt, ich spüre immer noch
unter meinen fingerkuppen
dein haar

                                  diesmal vielleicht

ja
meine handgelenke sind
aus glas
nein
nichts und alles
ist in scherben
vielleicht
ist morgen ein ort an dem wir
die splitterstücke aufbewahren
vielleicht
ist es wieder an der zeit die eingeschlagenen
scheiben zu zählen

ein ausweg
ist auch ein weg
zu einem willkommen
ein zuhause
ist nirgends näher als
dort wo es schon war
ich
glaube nicht an
die zukunft
aber
ich gebe alles, was ich
tragen kann
in diese
zwei zum zittern
erbauten hände

———————

die mäßigung

man machte mich zur schlagzeile
bevor ich mensch werden konnte
und wie ich opfer* war
war ich auch täter*

entwürdigt und
entthront, trage
ich einen dornen-
kranz als krone

jesus weinte

DIE BLUME DES SCHARON,
BLÜTE IM FELD

Lasst mich euch erzählen von dem, was
ich verloren habe, damit
ich euch ein endloses Meer
aus Sonnenblumen nähen kann aus diesen
Abgründen des Hades
Ich, der Morgenstern
Ich, Maria Regina
Schwester der Ereshkigal
Ich, Stern des Meeres
Ich, Widder im Herzen
Frau des Joseph
Mutter des Hermaphroditus
Geboren aus den zerstückelten Genitalien
Uranus', dem Vater des Himmels
Ich, das janusköpfige Gespenst der Liebe
Der zweite Planet nach der Sonne
Nenn mich beim Namen
Kgoshigadi ya Legodimo.
Mma wa Modimo
Benenne was bei der Geburt in der
Elfenbeinkammer meines Mundes ver-
tuscht wurde und was bei jeder Äußerung
leblos aus der Sprache und der Zunge
meiner Mutter wiederaufersteht.
Benenne mich, die* ich, nackt und totge-
schlagen, in die Unterwelt
hinabgestiegen bin, mit einge-
haktem Körper
meine Scham für alle Menschen
als heilloses Spektakel zur Schau gestellt

Ich, Ishtar
Ich, Inanna
Ich, Afroditi
Ich, Isis
Ich, Venus
Ich, Ọsun
Ich, Mariá
I, _____
I, _____
I, _____

meine mutter hat früher rosen gezüchtet!

über unseren köpfen
im alten garten, in dem
sie, glaube ich, ihrem glück
am nächsten war und

meine mutter hat früher rosen gezüchtet!

groß und brombeerig und wild warfen sie
einen scheuen blick über die mauer
des nachbarn, honigsummend und
zum bersten voll und

meine mutter hat früher rosen gezüchtet!

mit ihren dornenfingern
ihrem stämmigen rachen
mein zerpflückter und stiller rachen
die hiebe! die hiebe! die hiebe!

meine mutter hat früher rosen gezüchtet!

und die hand meines vaters, die
das gesicht meines bruders teilt
wie ein geburtstagskuchen die
glasierten lippen von kindern teilt und

meine mutter hat früher rosen gezüchtet!

und manchmal schrie ich, wenn sie mich schlug:
donner und regen, keine wolke: weit der himmel
ich wurde älter und ich fand einen platz
für die blüten und ihre winterzeit

meine mutter hat früher rosen gezüchtet!

und mein körper: regungslos: mein körper
ein grollender himmel. mein körper: ein platzhalter, eine
metapher, ein phantasma der trauer, eine anrufung, die
mich zu widerrufen drohte und

meine mutter hat früher rosen gezüchtet!

groß, und brombeerig und 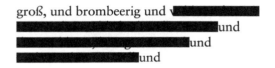und
und
und

jetzt scheinen sie gar nicht mehr zu wachsen

---

im garten meiner mutter

nein

nicht *gay* wie glücklich sondern
queer wie chronisch depressiv
mit vermeidendem bindungsstil
sozialer phobie
angst vor gehsteigen
angst vor schattenmännern
angst vor dem schatten von männern
vor meinem schatten, und seinem männerhunger
vor meinen händen und ihrem endlosen sehnen

mein *gay* meint das entblühen meines
geschlechts, still
ist der geruch von gleitgel und
kondomen, gerissen und still
brennts unter den nägeln, unterm bett, in der fläche
deiner hand, wo meine zunge sich schlafen legt

mein *gay* meint wie ich mich teile an der taille
und nicht daran zerbreche, und nicht breche
bis du mich lässt, bis du mich öffnest
wie frische austern mit den zähnen
ohne zunge, ohne gebrochene zunge
gleich zuckerbrot, gleich peitsche
und ich bete im stillen und ganz für mich
dass dein unverpackter schwanz
kein klischee aus mir macht, dass er
meiner mutter nicht recht gibt
und kein zeugnis dafür ist, wie wir zuneige gehen
immerzu krank, immer zu früh

nein

nicht heute nacht
heute nacht bin ich ein hengst der angst
heute nacht steck ich mir die lider auf
und du bist daddy und ich bin der boi
auf dem sofa, mit meinem arsch in der höhe
midas in den hüften, ikarus in den kurven
auf dass wir versinken, bis wir beide ertrunkene
männer sind

fick mich, flower boy, fick mich zart

es braucht nicht viel, nur das mindeste
dass du mir die blütenblätter von den lidern ziehst

dass du meinen stamm umreißt
mit deinem biss, dass du in die stärke

beißt, dass sie dir kraft schenkt
um in dieser dürre zu waten

ich blühe nur für dich
verstehst du

verstehst du
dass ich aufblühe nur mit dir

die pollen sind nur eine list
entblüte mich sanft wie rosenknospen

offenbare mir, was sich unter ihnen verbirgt
sag mir, dass ich das ende deines gebets bin

es kann sanft sein, und schnell
verstehst du das

---

von der knospe zur blüte (es kann sanft sein)

vielleicht im kornspeicher der liebe, der jungen
vielleicht dort, wo alles ein erstes erblühen war

ich erinnere mich an J_____ und
seine sanften braunen augen und
dieses lachen, das wie eine
perle in seinem mund lag, klamm
seine großen jungenhände
seine arme, gemacht für
umarmungen und
verschränkungen
ich erinnere mich an eine himmlische blutung

und an den rausch, der mit ihr kam
ich erinnere mich an einen jungen
der meinen namen in den mund nahm
der mich in ein herbstblatt verwandelte
zerzaust und astlos im wind
dann gab es nächte in denen L___ sich
wölbte meinen wirbeln nach, und
krümmte, als wollte er sagen,
ich will die erinnerung an deinen körper
so festhalten, dass deine abwesenheit nur
eine andere form von anwesenheit wird
und in jener nacht, als meine arme konzentrische
kreise auf M_____s rücken zeichneten, auf seine
wirbelsäule, stairway und heaven in einem

51

ich sage mir, so ist erinnerung
einen besuch wert, wenn man* nicht vergisst
wieder zu gehen

wanderlust

ich kniete vor jedem altar
betete zu jedem gott, der mich hören wollte
himmelte götzen an im delir
rief den tod bei all ihren namen
räuberisch mein mief
finster und verdorben und
der schlaf, er antwortete nicht
aber als er mich überkam, hinterließ er mich schal
und meine innereien, sie klammerten sich
an jenes andere ufer
ausgehöhlt, flehentlich bittete ich den erdboden
mich zu verschlingen und mich zu betten
wie schlummerndes licht
und so hungerte ich
meinem ent-blühen entgegen
zum bersten voll mit dem nektar von morgen

beka ilitye

die blüte weiß nicht von der gewalt
die sie der knospe angetan hat
gedeihen bedeutet das
zu zerreißen, was du warst
bevor du
    b l u e h t e s t
im sommer sind
    die abende schwer
        beladen mit den schreien der zikaden

ein pollenbesetzter
grabgesang

**ein mir geliebter mensch fragte mich nach der definition
von feuchtigkeit und alles was ich dafür bekam,
war diese unerschütterliche trauer**

als ich das erste mal kam
ich muss sieben gewesen sein
malte ich mir jemanden* aus
mit dem körper von pamela anderson
aber gesichtlos und die
hände mit kolibrikonturen
ein reissender frühling und
kein gefäß diesen nektar zu fangen

das war noch vor dem sex
das war noch vor der scham
vor dem leben, in dem ich mich selbst
dabei beobachtete
wie ich mich performte
für ein publikum, das mit händen um sich warf
hartes, bedürftiges fleisch
fleisch, das versucht sich vergessen zu ficken

wenn ich mich an diesen
verhinderten frühling erinnere,
sucht mich etwas heim, eine trauer, die so groß ist,
dass es kaum gräber gibt, um mich zu begraben

nektar

Brandon:
   abbild der lust
      palimpsest der ewigblühenden jugend
         polemisches omen tobender sehnsucht

es gibt fast nichts, das die schwule coming of age story auf tumblr
so quintessenziell auf den punkt bringt
wie das bild des pornstars Brandon Cody, der auf seinen knien,
die augen gen himmel gerichtet, ein facial von Marshall bekommt:

abendmahl for one

das ist sie, unsere gottlose ikonographie
unser Jesuskind und Madonna
Brandon, wie er in anbetung kniet
seine strahlenden augen als cum wie
manna von Marshalls schwanz regnet
      möge der herr mit dir sein

   ... und auch mit dir

Brandon: das a.k.a schwuler jüngerschaft
Brandon: mit braunem haar und sonnengegerbter haut
Brandon: weiß und ungehindert von präferenzen und standpunkttheorien
Brandon: schutzheiliger der grünäugigen sixpackträger

Brandon,
als ich verstand, dass ich dich nicht besitzen
konnte, wollte ich dich einfach nur besetzen

Brandon,
du begleitest mich in jeder sexuellen begegnung und
ich will sie alle zurück, alle nochmal

Brandon: wahrer norden
Brandon: statue des david
Brandon: schöpfung des adam
Brandon: apokrypher adonis

ich habe meiner therapeutin erzählt:
  ich habe das gefühl, meine lust beginnt zu welken
und
außer, dass der satz auch an das bild
der unter dem glas verwelkenden rose
in *die schöne und das biest* erinnert
ist er auch eine stumme geste der
zeit und der verzweiflung
true
alles zerfällt, wenn es nur genug
belichtet wird
da ist etwas in mir, das welkt
da ist etwas in mir
das sich weigert von neuem zu blühen

Brandon,
ich möchte dir sagen, dass ich nur wenige bilder
  aus meinem jugendlichen gedächtnis erinnere
    die so schön sind wie du in diesem einsamen regensturm

Brandon,
ich kann dir nicht sagen, wie unbeschreiblich traurig
mich das macht

Brandon,
irgendwo auf dieser welt gibt es eine geheime blume,

Brandon,
ich weiß nicht, ob ich sie jemals finden werde

---

die in einem blumensturm endende ode an brandon cody

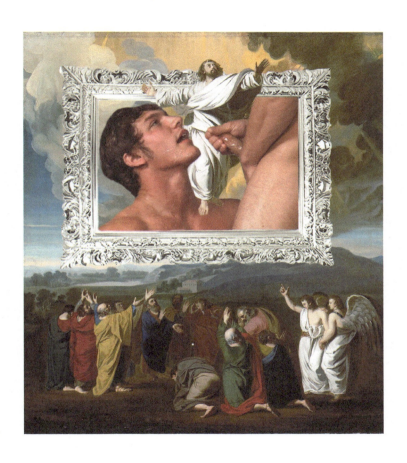

und wir erwachen in voller blüte nur um die dämmerung im gesang zu finden

meine mutter ruft an und
weint noch immer und ich
weiß nicht ob aus freude oder trauer ich
kann es nicht hören alles rauscht

das festland ist immer noch in bewegung
wir nennen das heimkehr
und wenn die küsten aufeinanderprallen
und wenn sie bersten
nennen wir das einen anfang

und unser volk stirbt nicht mehr
es ruht jetzt endlich

wir rufen ihre knochen beim namen, rufen
für immer, für immer fast

und wir schweben
und unsere körper
öffnen sich für immer zum himmel hin
zu einem mund, der sich mit unserem abglanz füllt

und wir nennen das gegenwart
ein ort um die trauer zurücklassen

und groß ist die freude und noch größer unser schmerz
dass wir das ende nicht kennen als haus in das wir eintreten
sondern als dieses etwas das uns immer näherkommt

wir nennen das einen fluss und der fluss lehrt uns
die richtung des vergehens nicht zurückzufinden
und doch immer wieder zurückzukehren

wir nennen das ein ende
weil es irgendwo eine tür gibt, und sie ist nicht zu öffnen
nur zu finden von uns für immer

wir nennen das die weihung
für alles, was bei unserer werdung verlorenging

und so entblühen wir
in einem obstgarten, in dem die früchte zu reif sind für die ernte

die weihung

61

lasst uns irgendwo beginnen, irgendwo müssen wir ja
beginnen

szene 1
da war diese nacht mit meiner wirbelsäule
gekrümmt, in der kuhle deines bauchs,
löffeln, nein, eher wie ein sichelmond und sein
schatten

szene 2
du schaust mich an, als seien iriden
schwertlilien, und meine iris das geheimnis der blumen
in dieser honighungrigen welt wartet niemand
nicht auf den frühling

szene 3
ich ließ dir ein bad ein, ein blütenblätterbad
deine nackte haut, deine kontur im dunst
ich hielt die augen gesenkt, mein atem
ruhig

szene 4
die couch und die pillen und die nächte, in denen wir nicht
schlafen konnten
ausgehöhlt vom weinen, die käsesandwiches
und die mit ei
das stumme gefühl, dass sich etwas an uns labt, im
stillen und ohne
dass wir wussten, wie es aufzuhalten war, keiner
von uns wusste
    wie es aufhören sollte

szene 5
auf dem balkon, in der long street, bedruckte ich deine lippen mit
meinen lippen, weil ich dich liebe und du mich liebst und weil
menschen das eben so machen in ihrem goldenen zimmer
deine lippen sind weg, aber ich erinnere mich an deine augen

szene 6
du bist verschwunden

szene 7

szene 8
die dunkelheit wird uns immer halten

szene 9
ich erinnere mich noch gut

marco, polo

es ist wahr, ich habe die endzeit gesehen
und da war kein himmelstor, aber
feuer und alles, was darin verloren war
falsche sockenpaare, stapelweise

ich dachte wirklich, dass erwachsensein
interessantere probleme mit sich bringen würde
ich versuche immer noch herauszufinden
wie ich die jungs auf dem spielplatz dazu
bringen kann, mich zu mögen

wiege mich immer noch in schockstarre
schmecke die erde des fußballfelds im mund
schmecke das blut, das mir aus der nase fließt
schmecke das knie in meinem gesicht

der geschmack von verschränkten gliedern und
etwas weichem, das stumm gemacht wird
hier hört es auf
hier beginnen wir

das herz sezieren heißt
den kummer zu entwirren
diese reife, ungepflückte
knospe, die sich entfaltet und entfaltet

stell sie dir vor
die geballte faust, die sich in eine hand
verwandelt, die du halten kannst, wie das
herz, das gehalten werden will
der kreislauf im kreis

in mir gedeiht eine kryogenese
der unheilige embryo, das unheilige ich
das ruht, in der grabkammer meiner brust
vom menschen zum mythos

von gott zum menschen gemacht

wie das herz sezieren: eine anleitung

die dinge sind im übergang
weniger blumen wollen blühen
die luft ist nicht mehr das, was sie einmal war
ich kann dich nicht fassen
mit meinen händen, stelle immer seltsamere fragen

trocknet die farbe im kasten oder in meinem brustkorb?
wann wirst du dich erinnern, dass es auch gutes an mir gibt?
wann bin ich so fucking einsam geworden?
wieso liebst du mich nicht, wie ich es will?

ich kenne die gleichungen
ich kenne die beinarbeit
ich mache meinen mund
auf, er riecht nach der stille
einer haft, und jetzt möchte ich,
dass
du dich neben mich
legst und mich liebst
es muss nicht echt sein
aber es muss jetzt sein

I JUST WANT MY BODY BACK

piercing, bedacht

einst schuf ich einen mann aus nichts
als der idee eines mannes und aus verzweiflung
einsamkeit kommt frömmigkeit gleich
und wenn das nicht eine schöne art ist
meinen zustand zu vergöttlichen
als insel und als blauen vollmond statt
als sternenschein und als wrack

gespenster

ich wünschte mir sonnenaufgänge
aller erdzeitalter, wünschte mir einen mann
mit sonnenblumenhänden, wünschte mir einen ewigen
horizont zu dem wir hätten laufen können mit verzahnten händen
dem licht entgegen, das sich sterbend um die spitzen der berge legt

und ich wünschte mir bei diesem mann zu liegen, bis
wir nichts mehr waren außer knochenstaub
ich wünschte mir archäologen, die aus dem erdenschlamm
und ohne erfolg zu ergründen suchten, wie eine solche liebe all
das hätte überleben sollen

ich wünschte mir hundert jahre bei ihm zu liegen
kieselsteinmärchen flüsternd im dreck und
wünschte mir, dass das universum uns zu quartz pulverisiert
oder etwas schimmerndem
etwas in seiner heiligkeit so sündhaftem, dass wir zu seinem geheimnis
werden würden

ich wünschte mir einen mythos älter als die welt
etwas post-entropisches
etwas prä-primordiales
stell dir vor!

die sterne und ihr flackern, das spiegeln
ihrer beziehungen, wieviele
himmelskörper wohl versuchen zu kollidieren
mit den teilchen ihres verlorenen selbst

die entstehung des universums ist
die verstummte geschichte der liebe
es gibt kaum genug dunkle materie, um all
das aufrechtzuerhalten

ich will ihn zurück!

für den mann im mond singe ich dieses lied
in der hoffnung, dass er sie erinnert diese
melodie

---

lasst liebe ein feld sein voller himmelskörper

ich habe mehrheitlich
versucht nicht zu sterben
was mir größtenteils gelungen
ist, danke der nachfrage

jede stunde: ein tag, jeder tag:
eine ewigkeit. zu jeder vollen
stunde: ein neuer aufbruch;
ein neuer, unmöglicher schmerz

mit dem zählen habe ich
schon vor langer zeit aufgehört ... wo würden
wir da ansetzen?
beim ersten blowjob, beim

letzten kuss? bei meiner zunge
in den blüten deines arschlochs
bei meinem kissenschrei
beim sperma, das auf deinem

küchenboden glänzt? *remember*
remember, die nacht im november?
Solange, die summt aus deinen
boxen und ich, betrunken wie eh und je?

ich verspreche nichts aus
zuhalten, dass ich nur warte, bis
diese welle verbrandet ist
nenn mich trauersurfer, oder

depressionstrawler. nenn mich bei jedem
namen, außer deinem eigenen
ruf mich in einem jahr an
und sag mir, wie es ich war, wie

ich alles ruiniert habe mit meinen dummen
grapschenden wurstfingern: sag es:
ich bin grenzüberschreitend. ich bin
die linie, die ich überschreite und die ich auslösche.

ich verspreche, ich will mich
so nicht fühlen müssen, ich
bin einfach nicht kreativ genug
um mir die dinge anders auszumalen, ich
kann einfach nicht

mehr! mehr! mehr!
wie magst du's?
wie magst du's?
mehr! mehr! mehr!

mehr! mehr! mehr!

IMMANUEL, AUF DER SUCHE NACH RAT UND WUNDERBAR

ICH BIN (Exodus 3:14) ...

Iēsūs, Yĕšūǎ, der Erstgeborene (Offenbarung 1,15), Collins Khosa (04.2020), Sibusiso Amos (29.03.2020) Das Begehrenswerte aller Nationen (Haggai 2,7), Der Gute Hirte (Johannes 10,11), Uyinene Mrwetyana (29.08.2020), Immanuel (Jesaja 7,14), Marielle Franco (14.03.2018), Das Lamm Gottes (Johannes 1,29), Das Geschenk Gottes (2. Korinther 9,15), Mawda Shawri (17.05.2018), Ein Mann der Schmerzen (Jesaja 53,3), Sandra Bland (13.07.2015), Der Morgenstern (Offenbarung 22,16), Sikhosiphi Bazooka Rhadebe (22.03.2016), Das Licht der Welt (Johannes 8,12; Johannes 9,5), Petrus Miggels (27.03.2020), Nare Mphela (05.01.2020), Der einzige Sohn (Johannes 1,18), George Floyd (25.05.2020), Eine Blume des Scharon (Hoheslied 2,1), Das Horn des Heils (Lukas 1,69), Adil (10.04.2020), Lorena Xtravaganza (05.12.2012),

Fundament (Jesaja 28,16), Auferstehung (Johannes 11,25), Mgcineni Noki (16.08.2012), Opfergabe (Epheser 5,2), Retter (2 Samuel 22,47; Lukas 1,47); Jehova Jireh: Mein Versorger; Jehovah Nissi: Herr, in der Rettung herrschst Du; Jehovah Shalom: Mein Prinz des Friedens. Mein Prinz in Stücken.

I.
wo sollen wir anfangen
wo fangen wir an

dort wo mein geschlecht beginnt, ende ich
1652 / mit einem boot ende ich
mit vielen booten / mit vielen geistern
wo beginnen wir

        wo
   wo

in den sprachen des landes der mutter
in den zungen des vaters gibt es keine
pronomen für er oder sie / nur: du: / nur: them / nur: ich

wo fangen wir an
wo sollen wir anfangen

in den sprachen meiner muttersprache meiner
vatersprache nennen wir die menschen bei ihrem namen
wir benennen sie nicht nach der geheimen blume
die wir zwischen ihren schenkeln zu finden glauben

wo sollen wir anfangen
wo fangen wir an

im land meiner mutter meiner
vatersprachen haben wir die
vierthöchste femizidrate
der welt

wo fangen wir an
wo sollen wir anfangen

im land meiner mutter meiner
vatersprachen haben wir
so vieles verloren, so viele und
kein mensch ist da
um die opfer zu zählen

wo sollen wir anfangen
wo fangen wir an

im land meiner mutter meiner
vatersprachen brennt ein dach
und kein mensch, niemand ist da
um den rauch in den schlaf zu wiegen

wo fangen wir an
wo bloß sollen wir anfangen

II.
in der neuen welt ist meine zunge pink und mein
name ist King
irgendein mensch sagt mir, dass they mich liebt
und ich muss mich nicht enträtseln
um zu verstehen welches mich er meint:

> *das schwarze mich*
> *das pinke mich*
> *das rote mich, das aus-*
> *blutet und blutet*

tragt die kunde ins land
nicht einmal die einsamkeit des
wortes kann vom volk und seinem körper
zeugen und seiner entfremdung von beidem
tragt die kunde ins land
dass wir trotz allem nach diesen worten suchen
dass wir unsere zweifachen zungen entwirren –
zweifach markiert und zweifach ausgelöscht
im grellen licht der absenz

krönt mich
zum könig der unterworfenen
zum könig eines einsamen volkes
zum könig eines müden und heiligen volkes
irgendwo nahe eines hügels geht die pinke sonne auf
und noch bevor sie im zenit steht sind alle schwarzen
kinder asche

III. STORY TIME

an meiner ersten und letzten pride
sagte ein weißer mann
zu mir und meinen schwarzen, queeren, femme und transfreund*innen
dass er sich durch uns
(und unsere black und trans inklusiven schilder)
ausgeschlossen fühle

…

…

…

welch glück
sich jemals zugehörig gefühlt zu haben
welch glück
von irgendwoher zu kommen
und das gefühl zu haben, dass jeder ort
nur auf dich gewartet hat, dass du überall hingehörst
welch glück

☞

IV.

lieber gott
vergib mir meinen kummer
er ist ein fluss und er mündet
im weinenden wasser meiner ahnen
lieber gott
vergib mir mein nervöses skelett
ich stamme von einem volk, das jahrhundertelang
unbestattet lag
lieber gott
vergib mir
ich versuche mein bestes

ich kam in einem pinken sonnenuntergang zur welt
in ein blutendendes land
unter einem regenbogenhimmel
auf einem kontinent aus knochen
in eine welt, die ertrinkt im wasser der geburt

und so geschah es, dass ich gekrönt wurde
zum König der
berührungshungrigen stadt

es ist schon so lange her

ich möchte meinen körper lieben können
möchte aber auch   verschwinden

       wäre queere dismorphie
folklore
       würden wir uns
wenn wir sterben:

       in einen regenbogen verwandeln, der sich wie ein
hieb, wie eine
unmögliche polyphonie im himmel

verläuft

die herrlichkeit ist schon längst längst
verloren

———————————

(…) das, der zustand

ich habe versucht meinem geliebten
zu sagen, was mich alles verletzt
aber statt uns in die arme zu fallen, verfielen
wir in schweigen

ich habe versucht meiner mutter
zu erzählen wie mein hirn an sich selbst nagt
und mein schmerz verschlang die luft
um uns herum

es gibt nichts, was dieses ding für heilig hält
ich berühre die menschen, die ich liebe, ihre
körper, schwerer, und sie erstarren zu gold
ich berühre wie midas digital

ich wünschte es gäbe einen weg für mich
alles zurückzunehmen
ich würde an anderen altaren knien
und die leiber von ihren kreuzen holen

und ihre füße waschen im wasser des flusses
ich würde geschichten erzählen und die toten lachen hören
ich kann das alles nicht mehr so gut wie früher
ich bin jetzt traurig, langsam, aber immer trauriger

balsam für die kreuzigung

es gibt da einen mann
einen verängstigten protector
nennen wir ihn das *Schwert Gottes*
nennen wir ihn die kraft, die mich aufstellte
als ich zerstört am boden lag
mit einem vor kummer ausgerenkten kiefer
so weit und breit, dass ich mich schlucken ließ
benennen wir ihn, jenen, der mich beschützt
hat, als ich noch zu jung war, um zu wissen
was leben für mich bedeuten würde
lasst ihn uns bei einem namen
nennen, der jenen gerecht wird, die ihre arme
in den fluß gelegt haben

ich habe letzte nacht von dir geträumt, G_____
und selbst im traum war ich die hilflose jungfrau
die sich bei jeder gelegenheit in deine arme warf
der perseus
eingraviert als fabel im grab meines schädels
für meine andromeda
es werden für immer rosen zu deinen füßen liegen
für immer werde ich einen kronsaal für dich bauen
ich werde das feuer brennen lassen, bis du zurück bist
ich bin so froh, dass Liebe diese vielen gesichter hat
im altarraum meiner jugend ist eines
davon deins

der erzengel

ich möchte mich lieber, als in erinnerung
zu bleiben, erinnern
    an die erste taufe im niesel
    an den ersten geruch feuchter erde
    an die erste umarmung und deine
    haut wie asphaltglanz nach regen
    überstürzt, die liebkosung, und sanftest
    nach so vielen tagen der dürre, wie die hügel
sich morgens gaben
mit dem tau, der da lag wie eine decke aus seufzern

nicht weil ich es vergessen habe
nie das
aber ich möchte mich wie zum
ersten mal erinnern
demütig sein vor der namenlosen freude
die weiß, dass es noch mehr schönheit
gibt für mich auf dieser welt, wenn
in keiner anderen

ich würde dich sehr gerne halten
wie in jener nacht
in der ich nichts gutmachen konnte
in der ich dich dennoch halten durfte
ich würde gerne zu deinen füßen knien M_____
und deine verkrusteten hände küssen
und der stille lauschen der meteoren
die kollidieren zwischen uns

beim schwimmen, zwei jungen

ein vers für den riss
ein vers für die anfänge und
den urknall im zwerchfell
wieviel schutt geblieben ist, und du
dazwischen

in einer australischen comedy show
habe ich gehört
dass unser körper sprachlos ist
wenn wir   trauern, wenn wir   liebeskummern
oder menschen verlieren und weil
unser körper diesen   schmerz nicht als symptom erkennt
schickt er signale an unser herz und unser
herz pumpt und pumpt und pumpt
blut
damit wir das trauma überleben, das die
fleischkammer befallen hat
wie weise der körper
der weiß, dass diese umstände tödlich sein können
der weiß, dass es ein
danach gibt
der weiß, dass diese umstände ein verfalls
datum haben

ein vers für die zeit
ein vers fürs überleben und
die unaufhaltsame wanderung der
weichkörper im bogen der aorta
heiliger homonkulus aus hämoglobin
satt und satter vom hunger
nach diesem leben

im wissen um dich, herz

tue alles für vergebung
tue buße
reiße mir die schulter aus dem gelenk
nenn mich Atlas
nenn mich geistlos
benenne mich nach einem fluss ohne mündung
mit meinem ausufernden mund

ich habe gehört, dass gott keine schuld kennt
ich bin bereit von diesem kreuz zu steigen

gib mir zeit
gib mir den rest unseres lebens
gib mir einen offenen sarg und einen grund
gegen den ich anrennen kann

gelobt sei der tag, der nicht enden will
gelobt die mitternachtstränen
die unsagbare trauer
die maßlose freude

beides gilt
beides wird vergolten

sag dank
gib klein bei
gib was du kannst und nimm
keine rücksicht

jesus war mal ein junge

wir müssen unsere augen gen
himmel richten, die hölle wird uns
schließlich immer zu füßen liegen, zu
benennen, was dich in brand setzt
bedeutet in rauchzeichen zu sprechen
bedeutet den wolken zu opfern

feuer braucht kein brennglas
ein streichholz entfacht
eine vernachlässigte zigarette
im wald, samt der hand, brennend
und zehrend

verrat kommt entscheidung nicht nah
frag mal Jesus, ein kuss
ist nur der vorort von golgatha
oder noch besser, frag einfach mal Judas
niemand denkt je an Judas

er rinnt uns durch die finger
wie ein schlüsselbund, wie ein sandwichkind
was wurde nur aus ihm
aus seinem leib, der zu asche verkam
in der geschulterten schuld

ohne feierlichkeiten
ohne ein weinen, nur
still und langsam zersetzt
so klingt die unselige buße für
einen beutel, der schwerer wiegt
als silber

was auch immer auch geschah

»it's not so much about 'what it means' so
much as 'how does it work'«

- KRISTINA JOHNSTONE

I.

frage mich weniger / was leben
bedeutet / frage mich mehr wie
leben / funktioniert

der himmel kommt nicht zu uns / ohne
arbeit / der himmel öffnet
seine pforten einen spaltbreit / gerade

genug, um unsere hände zu vergessen, die knie / das gebet
ist arbeit in gottes namen
die sanftmütigen werden es erben, das erdenreich / aber

erst, wenn sie darin begraben sind / christus hat
sein kreuz getragen / und wir tragen / was er
uns hinterließ

wenn mir das leben zu viel wird / verkrieche
ich mich in der arbeit
arbeit macht es möglich / den tod nicht

zu bescheinigen / arbeit macht es möglich / zu sehen
wie der tod schlängelt / sterblichkeit, das größte geschenk
das uns eva je hätte machen können

stellt es euch mal vor
für immer
leben

II.

2016 / außer mir, weil ich schlafen
will nur schlafen / insomnia ist echt und
der kummer hat keinen namen und
der gedanke an den freitod im wahn / das leben
würde schon früh genug enden / mal schauen
was es noch zu bieten hat

als meine tante starb / blieb ich der beerdigung
fern, blieb den meisten dingen / fern, auch
der arbeit, die trauer mit sich bringt / weil das leben
ja ohnehin früh genug
versiegt

    manchmal denke ich / dass meine depression bloß
    eine story ist / die ich mir erzähle damit das leben schneller vergeht
    wie soll ich an einem ort leben / an dem die toten nie sterben?
    ich möchte so gerne nach hause und meiner
    mutter sagen, dass ich nicht weiß / was das alles bedeuten soll

    ich möchte nach hause / und meiner mutter
    sagen, dass ich das kreuz / trage, das sie mir geschenkt hat / und
    dass es eine last ist / und ich
    möchte nach hause / und meiner mutt-er sagen, dass sie recht
    hatte, immer recht hatte / und wir nicht länger so tun müssen /
    als wären wir uns fremd geworden und ab /

handen gekommen

ich weiß nicht, was es bedeutet
ich möchte nur, dass es aufgeht

I.

tyrell alvin maccraney schreibt
im schein des mondes ist der schwarze junge blau
und doch
stehen einige von uns in der mehrzahl des regenbogens
was bedeutet
dass wir brechungen sind, von weißem licht
was bedeutet
dass wir existieren in der mehrzahl des regens
dass wir zur welt kamen in den meeren des himmels
im halbkreis der schlinge

bin ich anwesend?

wo bin ich gewesen all die zeit?
gibt es eine welt, ein wort, das existiert
für mich
ein weltwort, das mich erkennbar macht
ohne mich auslöschen zu müssen?

II.

i had a lover   once
und sie waren schön
und sie sagten mir, dass ich schön sei manchmal
ich glaubte ihnen   manchmal
machte ich ihnen geschenke an der schwelle
zum schlafzimmer
weil ich nicht reindurfte
weil ich verletzend war
weil ich die wahrheit gesagt hatte
weil ich weiß, wie man* anweisungen befolgt
weil weil weil

weil ich die geschenke zur schau trug
wie eine katze tote vögel
und ich lächelte, mit meinem blutmund, und
ich lächelte
              weil weil weil und so weiter
vielleicht
würden sie mich ja erkennen
vielleicht
würde ich fähig sein weiterzuleben
und so zu tun, als ob ich noch einen namen hätte

III.
vielleicht war ich ja nie ein mensch
sondern die einzahl des regenbogens
was erklären würde warum ich immer
im begriff war zu verschwinden

IV.
ich kann mittlerweile fast drüber lachen
aber vielleicht weine ich auch einfach nur
kopfüber

(marco...

V.

(i had a lover von zeit

                    zu zeit

ließ er
sich nicht berühren
von mir   von zeit zu zweit)

     sorry!

einmal   i had a lover
sie waren wunderschön

                 einmal
war ich wirklich da
ich bin nirgendwo   mehr wirklich

ich bin irgendwo, an einem alten ort
der mich neu erschaffen hat, es regnet
jetzt immer mal wieder hier

VI.
ich küsste einen jungen
                    einmal
im regen
an diesem neuenalten ort
mit seinen neuenalten dingen

                    er ist so traurig

wir saßen am meer
ich las ihm ein gedicht vor
ich las es ihm nicht zu ende vor
wir wurden beide krank

                    das ist hier kein märchen

ich kaufe ihm (sonnen)blumen
er macht mir mixtapes
er macht kunst und in seiner kunst
bin ich anwesend als
        metapher
es macht mir nichts aus
ich halte seine hand und wir
verschwinden

VII.
ich denke nicht an die mehrzahl von regenbogen
ich denke gar nicht
manchmal spüre ich den stoff seines shirts
und wie er alles zum zittern bringt damit
ich lege ihm meine hand auf die wange

...polo)

wir sind beide traurig, so sehr

er erzählt mir von dingen
ich erzähle ihm auch von dingen
er bittet nie um etwas, nie
so dass ich ihm am liebsten alles geben möchte

er macht mir keine angst

das ist neu für mich
ich küsse ihn so als schliefe ein spatz
unter seiner zunge, er ist so schön mit
geschlossenen augen ist er so schön

VIII.
ich habe den zug verpasst
er hat am bahnhof gewartet
er küsst mich und die sonne
zeigt sich
uns fehlen die worte, alles
ist zart

das hier ist kein märchen

von innen bin ich gelb
von aussen bin ich blau

der mond scheint

leise

---

der mond scheint (leise)

gott
sei ein boy
sei eine boye
sei eine biene mit samthänden
gib mir honig
lass es süßen sein
lass es wahren sein
so der ertrag ertraggbar ist

gott
lass mich ein fenster sein
lass mich eine schwalbe sein
lass mich eine schwalbe in diesem fenster sein
lass mich frei in die welt in der das licht sanft ist
in der ein leichter wind mich trägt

heimwärts

gott als boy

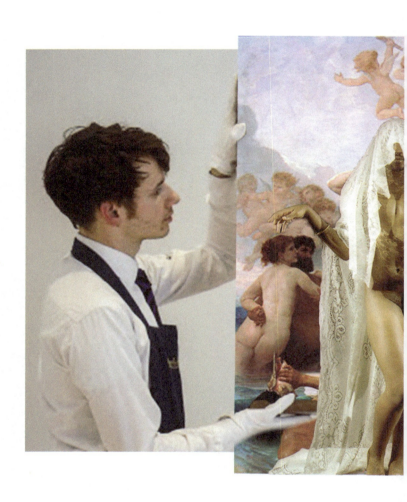

god
be a boy
be a bouy
be a bumblebee with soft feet
give me honey
make it sweet
make it true
make it last only as long as can be endured

god
let me be a window
let me be a sparrow
let me be a sparrow through that window
let me out into the free world where the light is soft
and there is a gentle breeze carrying me

homeward

_____

god as a boy

I.
tyrell alvin mccraney writes
in moonlight black boy looks blue
and yet,
some of us are rainbows
which means
we are refractions of white light
which means
        we exist under rainfall
born under a half noose
in the ocean of the sky

am i here?

Where have I been all this time?
Is there a wor(l)d that exists
for me
that does not need me
to die
to become visible?

II.
i had a lover   once
they were beautiful
they told me I   was beautiful sometimes
i believed them   sometimes
i would make them gifts to leave
at the threshold
of their bedroom door
because i wasn't allowed in
because i hurt them
because i told the truth
beause i know how to take instructions
because because because

i left gifts like a cat might leave dead birds
i had so much blood in my mouth and
i smiled
because because because
maybe
they would see me
maybe
i would be able to carry on living
as though i had not become nameless

III.
maybe I was never a person
but a rainbow
which would explain why
i was always disappearing

IV.
i can almost laugh about it now
or maybe i am crying upside down

(marco...

☞

V.
(i had a lover once
            sometimes
they wouldn't
let me
touch them   sometimes)

i'm sorry!
i had a lover   once
they were beautiful
            once
i was there
i am no longer   anywhere

i am somewhere old becoming new
it rains here   often

VI.

i kissed a boy
      once
in the rain
in the new old place
with its old new things

he is so sad

we sat by the ocean
i read him a poem
i didn't finish it
we both got sick

this is not a fairytale

i buy him (sun)flowers
he makes me mixtapes
he makes art and in it
i am there
      a metaphor
but i don't mind
i hold his hand
we disappear

VII.
i don't think about rainbows
i don't think at all
sometimes i can feel him shaking
through the fabric of his shirt
i put my hand on his cheek

...polo)
we are both very sad

he tells me things
i tell him things too
he never asks for anything
which makes me want
to give him everything

i am not afraid of him

this is new for me
i kiss him like there is a sparrow
sleeping under his tongue
he's so beautiful with his eyes closed

VIII.
i missed the train
he waited at the station
he kisses me
and the sun comes out
we run out of words
and everything is tender
            this is not a fairytale

inside i am yellow
outside i am blue

the moon is shining
            softly

_____

(just) enough moonlight

»it's not so much about 'what it means' so much
as 'how does it work'«

- KRISTINA JOHNSON

I.

i am moving past / questions of
what living means / into questions of
how does living / work

heaven is not a place we can enter / without
the requisite labour / heaven is not a place
we can enter into / upright / but only

on our hands and knees / prayer
is divine labour
the meek shall inherit the earth / but

only after they are buried in it / christ carried
his cross / and now we must carry everything / he has
left in his wake

when the living gets too much / i bury
myself / in the work
labour is a way / not to think about

what death means / but to discover
how it works / mortality is the greatest gift
that eve could have ever bestowed / unto us

could you imagine
if the living
would not cease?

II.

in 2016 / when i was delirious
from insomnia / and ridden with nameless
grief / a thought came to me in my deepest
suicidal ideations / the living will end soon
enough / until then / better to see how
it works /

my aunt passed away / i didn't attend her funeral
i didn't attend / to most things
i didn't attend to / the work
of living with grief / because
the living would end
soon enough

      i sometimes think / my depression / is a story
      i tell myself / to make the liv- / ing end sooner
      how to live in / a place where the / dead never die
      i want to go / home and tell my
      mother that i / don't know what / any of it means

      i want to go home / and tell my mother
      that the cross she gave / me is hurting my back / i
      want to go home / and tell my mo- / ther that she was right
      she was always right / and so we no longer
      need pretend that I we don't know eacht ot- /

      her anymore

i don't know what that means
i want to make this work

practice makes present

we must keep our eyes heavenward
for hell will always be there at our feet and
to name that which would set you alight
is to speak in smoke signals
sacrifice to the clouds

where there is fire there is glass
someone who lit a match
left a cigarette
in a forest now
aflame with neglect

betrayal is not always a decision
a kiss is sometimes a prelude to Calvary
just ask Jesus, or,
better yet, Judas
no one ever remembers to ask Judas

like a middle child or a pair of keys
he is always falling through the cracks
what became of him
wracked with a guilt that simmered
his body to ash

no ceremony
no weeping
a slow and silent dissolution
unholy penance for
a bag heavier than silver

whatever happened

i go to lengths for forgiveness
reach a shoulder out of its socket
for penance
call me Atlas
call me witless
call me a river with my
overflowing mouth

i've heard it said that god doesn't deal in guilt
i'm ready to get off of this cross now

give me time
give me the rest of our lives and
an open casket
nothing to run from but only into

praise the unceasing day
praise the weeping at midnight's hour
there is unnamable grief
and there is joy without measure

both are for the taking
or, rather, both will overtake you

give thanks
give in
give what you can and
give no quarter

jesus was once a boy

ode to rupture
ode to beginnings
ode to the big bang within my ribcage
how much ruin you have endured

                    i heard on an australian comedy show
                        that the body doesn't recognise
                                    the symptoms of
                    heartbreak,   or
                              grief,   or
                                               loss
                    so it sends signals to the heart
                        to pump blood to survive
                            whatever trauma
                        has descended upon
                        its fleshen chamber
                        how wise, the body
        to know that these things are deathly
        to know that there must be an after
    to know that these things can only last so long

ode to time
ode to survival
ode to the undeterred locomotion
of soft tissue and aortic breath
holy haemoglobin homunculus
hungry for nothing but life itself

                                    _____

                                    heart, remembered

more than to be memorable
i just want to remember
                  the first baptism of drizzle
                  the first smell of wet earth
                  the first embrace and your skin
                  like the rain-slickened road after
                  the softest precipitous caress
                  after so many days of drought
the way the hills would look in the morning
with the dew lying like a blanket of sighs

not because i have forgotten
never that
but i would like to remember as if
for the first time
to be humbled by the unspeakable joy
of knowing there is more
beauty yet for me in this world
if no other

i would very much like to hold you
as i did that night
where I couldn't fix any of it
but you let me hold you anyway
i would like to kneel at your feet again M_____
and take your calloused hands in mine
and listen to the meteors of silence
hurtling between us

—————————
at swim, two boys

there is a man
fearsome protector
let's call him the *Sword of God*
who lifted me from the floor when i was wracked
with a grief that unhinged my jaw
wide enough to swallow me whole
shielded me when i was
too young to know what
this life would mean for me
let's call him whatever name there is
for those who have given their arms
to the river

i dreamed about you last night, G_____
and even there I was still your damsel in distress
still leapt into your grasp given the chance
perseus to my andromeda
there is a fable to you inscribed
within the sepulchre of my skull
there will always be roses falling at your feet
i will forever be preparing a throne room for you
i will keep the fires lit for your return
i am so glad to know that Love has many faces
in the sanctum of my adolescence one
of them is yours

archangel

i tried to tell my lover all the ways
in which i am hurting
instead of each other's arms
we fell into silence

i tried to tell my mother about
the way my brain is eating itself
my hurt consumed all
the air around us

there is nothing this thing holds sacred
i touch the people i love and
they are heavier for it
a Midas touch for the internet age

i wish there was a way for me
to take back everything
i'd laid down at another's altar
take down the bodies from their crosses

and wash their feet in river water
tell stories that make even the dead laugh
i am not as good at this as i used to be
my sadness overcomes me slowly yet steadily

a remedy for crucifixion

i want to love my body but
also   to disappear

        if queer dysmorphia were
folklore
        perhaps we would turn
into rainbows
        when we die:

        a slash of impossible polyphony
                                across the sky

        leading nowhere

the treasure was lost
long long ago

                                _____
                                (...) it is a situation

I.

where do we begin
where do we begin

i end where my gender begins:
in 1652 / with a boat
with many boats / with many many ghosts
we begin where...

               where
    where

in the languages of my mother's land
father's tongues there is no pronoun for
he or she / only: you / only: them / only: me

    where do we begin
    where do we begin

in the language of my mother's and
father's tongues we call people by their names
we do not call people by the secret flower we imagine
may or may not be blooming between their thighs

    where do we begin
    where do we begin

in the land of my mother's and
father's tongues we have the
fourth highest rate of
femicide in the world

    where do we begin
    where do we begin

in the country of my mother's
and father's tongues we have lost
so much and there is no
one to count the bodies

where do we begin
where do we begin

in the country of my mother's
and father's tongues there is a
burning roof and no one to
sing the smoke to sleep

where do we begin
where do we begin

II.

in the new world my tongue is pink and my name is King
someone tells me they love me
and i don't need to unravel myself
to understand which me they love:

> *the black me*
> *the pink me*
> *the red me whose bleeding*
> *is not yet finished*

let it be known
there are no words lonely enough for
the estrangement of a body from its people
let it be known
we search for the words anyway
we find ways to reconcile our duplicity –
twice marked, twice erased,
conspicuous by our absence

crown me
King of a conquered people
King of a lonely people
King of a people so tired and holy
        from atop a hill somewhere the pink sun is rising
        and all the black children are ash by noon

☞

III. STORY TIME

at my first and last pride
a white man
told me and my black, queer, femme and trans friends
that we
(and our black- and trans- inclusive signs)
made him feel
excluded

...
...
...

how lucky
to have ever felt part of anything
how lucky
to come from somewhere
and feel like everywhere is a place
for you to belong
how lucky

IV.
dear god
forgive me my grief
that is a river
that runs into a sea of ancestral weeping
dear god
forgive me my bones and their unrest
i come from a people who have lain centuries
long unburied
dear god
forgive me
i am trying my best

i was born into a pink sunset
under a rainbow sky
in a bleeding country
on a continent of bones
in the wake of a world drowning in birthwater

i was crowned
King of the touch hungry city

_____

it's been so long

I Am (Exodus 3:14)...

Iēsūs, Yēšūă, First Begotten (Revelation 1:5), Collins Khosa (04.2020), Sibusiso Amos (29.03.2020) Desire of the Nations (Haggai 2:7), Good Shepherd (John 10:11), Uyinene Mrwetyana (29.08.2020), Immanuel (Isaiah 7:14), Marielle Franco (14.03.2018), Lamb of God (John 1:29), Gift of God (2 Corinthians 9:15), Mawda Shawri (17.05.2018), Man of Sorrows (Isaiah 53:3), Sandra Bland (13.07.2015), Morning Star (Revelation 22:16), Sikhosiphi Bazooka Rhadebe (22.03.2016), Light of the World (John 8:12; John 9:5), Petrus Miggels (27.03.2020), Nare Mphela (05.01.2020), Only Begotten Son (John 1:18), George Floyd (25.05.2020), Rose of Sharon (Song of Songs 2:1), Horn of Salvation (Luke 1:69), Adil (10.04.2020), Lorena Xtravaganza (05.12.2012),

Foundation (Isaiah 28:16), Resurrection (John 11:25), Mgcineni Noki (16.08.2012), Sacrifice (Ephesians 5:2), Saviour (2 Samuel 22:47; Luke 1:47); Jehovah-jireh: My Provider; Jehovah-nissi: Lord you reign in victory; Jehovah-shalom: My prince of peace. My prince in pieces.

IMMANUEL,

WONDERFUL IN COUNSEL

i've mostly been focusing on
trying not to die, which, for the
most part, has been a successful
endeavour, thanks for asking.

every hour: a day, every day:
an eternity. every hour-on-the-
hour: another departure;
another impossible agony.

i stopped counting so
long ago... where would
we pick it up again?
from the frst blowjob or the

last kiss? from my tongue tracing
the petals of your asshole, or
the scream in the pillow,
or the pre-cum still slick on

your kitchen floor? *remember,*
remember, that night in november?
solange crooning though your
speakers and me, drunk as ever?

i promise, i'm not holding
out just holding on until
this wave rides itself out.
call me grief surfer or

depression trawler. call me
anything other than by your
name. call me a year from now
and tell me how it was me. how

i ruined it all with my stupid
sausage fingers: all over you. call
me boundary-crossed. call me the
line as i walked over it. crossed out.

i don't want to feel this
way, i promise. i'm just
not creative enough to
make it up as i go along any

> *more! more! more!*
> *how do you like it?*
> *how do you like it?*
> *more! more! more!*

————————————

more! more! more!

i wanted a million sunrises
i wanted a man with sunflowers for hands
i wanted an eternal horizon we could run to
hands clasped firm as the dying light clutching the mountains

and i wanted to lie with him until
we were nothing but bone
i wanted archaelogists to try and fail to divine from
the silt of the earth how a love like that could survive

i wanted to lie in the dirt for centuries
whispering pebbled fables
i wanted to feel the universe pulverize us into something
quartz-like
        and glimmering
something so sinful in its sanctity they would make a secret of us

i wanted a myth more ancient than the earth itself
something post-entropy
something pre-primordial
can you imagine?

the love stories the stars are
trying to flicker to us from space
how many asteroids are trying to collide
into the parts of themselves they have lost

the genesis of the universe is
the cosmic love story never told
there is not enough dark matter to hold up
this much space

i want him back!

i sing a song for the man on the moon
hoping he remembers the tune

let love be a field of asteroids

i once fashioned a man out of nothing more
than an idea and acute desperation
loneliness is akin to godliness
and isn't that a beautiful way to deify my condition
more island than shipwreck
more blue moon than starlight

spectres

things begin to shift and increasingly
there are fewer flowers that choose to bloom
the air is not how it used to be
i don't get to touch you with my hands
i ask stranger questions:
did I leave the paint in the box or in my ribcage?
when will you remember that there are good things about me too?
when did I get so fucking lonely?
why won't you love me like I want?
i did the equations
i did the legwork
i turned my mouth into a holding cell for silence
and now i want you to lie down beside me and love me
it doesn't have to be real
but it has to be now

I JUST WANT MY BODY BACK

slow puncture

it's true i've seen the end of days
and there were no pearly gates
but there was fire, everything we lost
piles and piles of mismatched socks

i thought adulthood would
come with more interesting problems
i'm still trying to figure out how
to get the boys on the playground to like me

still rocking myself into stasis
taste of soccer field soil
taste of blood flowing from the nose
taste of knee to the face

taste of folded limbs and
something soft being rendered silent
this is where it ends
this is where we begin

to unlock the heart is
to unravel grief
ripe and unplucked
an ever unfurling bud

can you imagine it?
the tight fist settling into a hand fit for holding
maybe the heart wants to be held
let the cycle complete

inside me: an unholy cryogenesis
the embryo of a younger me
lain to rest in the tomb of my chest
something man made myth

something god made man

---

instructions for opening the heart

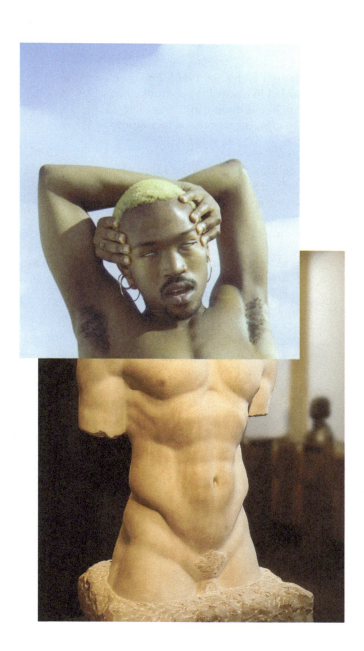

let us begin anywhere, as we must begin somewhere

scene one
there was the night with my spine
curled in towards your stomach
less like spooning and more like
the crescent moon and its shadow

scene two
you look at me like the secret of
flowers is blooming just behind my irises
spring is always a welcome season
in a world so honey-hungry

scene three
i ran you a bath and dressed it in petals and oils
watched your nakedness protruding
i kept my eyes down
my breath quiet

scene four
the couch and the pills and the nights we couldn't sleep but were
        empty of crying
the cheese and egg sandwiches
something silently feasting on us both
neither of us knowing how to make it stop; neither of us knowing
        how to make it stop

scene five
i imprinted my lips onto yours on a balcony on Long Street
because i love you and you love me and this is what
two people in the golden room do
i can't remember the taste but i remember your eyes

scene six
you disappeared

scene seven

scene eight
the darkness will always hold us

scene nine
i still remember

marco, polo

and, in full bloom we wake to find

the dawn is still singing

and my mother
and she is still
whether from
hear through

calls
weeping
joy or grief i can't
the static

the continents are
we call it
when the shores
and when
we call this

still drifting
a homecoming
meet
they rupture
a beginning

and our people are
but now

no longer dying
finally
resting

we name their bones

something like forever
something like almost

and we are
with our bodies forever
which could be a mouth

floating
opening towards the sky
full of our leaving

and we call this
which is a place to leave

today
anything like sorrow

it brings us great joy
to know that the end is
but only hurtle

and even greater pain
something we can never enter
towards

we call this the river
for what it means to
yet to always be

we call this an
because somewhere there is
but was always

we call this
for all that we have lost

and like this
in an orchard of fruit

and the river is a good teacher
never go back
returning

ending
a door that cannot be opened
ours to search for

a benediction
while we were in
our searching

we are an unblooming
too ripe for the harvest

----

a benediction

Brandon:
      paragon of pleasure
          palimpsest of youth's eternal flower
              polemic portent of vociferous longing

there are few things more quintessentially
growing-up-gay-on-tumblr than the image of
gay porn star Brandon Cody on his knees,
eyes heavenward, getting a facial from Marshall:

a eucharist for one

this, our unholy iconography
this, our baby Jesus and Madonna
him, on his knees in worship
his eyes aglow as the cum rains
manna-like from Marshall's cock
        the lord be with you

...and also with you

Brandon: moniker of gay disciplehood
Brandon: brown-haired and tan-skinned
Brandon: white and unfettered by preference and
positionality
Brandon: patron saint of the six-packed and green-eyed

Brandon,
when i realized I could never be you
all I wanted was to have you

Brandon,
you are there in every sexual encounter and
i want them all back

Brandon: true north
Brandon: statue of david
Brandon: creation of adam
Brandon: apocryphal adonis

i told my therapist
i feel like my sexual flower is wilting
and
besides it harkening back to
that image of the rose wilting
underneath the glass in *Beauty & the Beast*
a pantomime of
time and despair
it was accurate
with enough exposure
anything will decay
there is something in me that is wilted
there is something in me
that refuses to bloom again

Brandon,
i want to tell you that there are few images
more beautiful in my adolescent memory
than you in that solitary rainstorm

Brandon,
      i cannot tell you how indescribably sad that makes me

Brandon,
there is a secret flower somewhere in this world

Brandon,
i don't know if i will ever find it

---

ode to brandon cody ending in a rainstorm of flowers

the first time i came
i think i must have been seven
envisioning someone
with pamela anderson's body
but no face
hands like hummingbirds
overflowing nectar
a torrential springtime

this was before sex
this was before shame
before a life of watching myself
perform myself
for an audience of hands
flesh hard
flesh desperate
flesh trying to fuck itself into oblivion

the memory of that
impossible springtime
brings more grief
than there are graves to bury it

---

nectar

the blossom knows not the violence
it has done unto the bud
this is what it means to bloom
to rupture that which you were
before your
                b l o o m i n g
      in the summer
                  the evenings are heavy set
                        with the cries of the cicada
a funeral dirge
thick with pollen

**someone i love asked me for the definition of humidity
and all i got was this unshakeable grief**

i knelt at every altar
prayed to any god who would listen
idolatrous in my ravings
i called death by all her names
i was ravenous and reeking of something
spoilt and sinister
sleep wouldn't answer
but when it came lef me hollow
my innards clutching that other shore
carved out i beseeched the ground
to swallow me and let me lay
like a dormant bulb
gluttonous with my un-blossoming
full to bursting with untapped nectar

beka ilitye

maybe through the granary of young love
maybe there where everything was a first blossoming

i remember J_____ and
his soft brown eyes and
the laugh that lay like
a pearl in his clam-tight mouth
his big boyhands
his arms so good for
holding and
folding into
i remember a
heavenly and heady hemorrhaging

i remember a boy speaking my name and
turning me to leaves in autumn
windstruck and branchless
then there were the nights L___ would
curve himself to fit the length of my spine
as if to say,
i would like to hold the memory of
your body so close that your absence will
be just another form of presence
and that night with my arms making
concentric circles on M_____'s back
his spine long enough to
climb a stairway to heaven

i tell myself memory is like this
a good place to visit but
not to stay

wanderlust

can you peel the petals from my eyes
it would take nothing less than this

follow the contour of my stem and
bite into anything that would

give you sustenance enough to
survive the dry lands

do you understand
i am blooming only for you

i am blooming only for you
do you understand

the pollen is just a ruse
unpetal me soft as a rosebud

reveal what lies thereunder and
say it's everything you've been praying for

do you understand
it can be soft and sudden

bud to bloom

no

not *gay* as in happy but
queer as in chronic depression
avoidant attachment
social anxiety
fear of the sidewalk
fear of the shadow men
of the shadows of men
of my shadow who has a man's hunger
of my own hands with their ceaseless longing

my *gay* is the quiet unflowering
of my sex
is the smell of fresh lube and
ruptured condom wrappers
left under beds, under fingers, in the palm of your hand
as i press my tongue into it

my *gay* is the way i bend at the waist
but don't break
until you let me
until you open me up like a crack of teeth
straight through a jawbreaker
straight to the sweet and the stick
and i say several silent prayers that
your unwrapped cock
will not make me a cliché
will not prove my mother right about us
and how we always meet our ends
too sick and too soon

no

not tonight
tonight i am all fear and eyes wide
tonight you are daddy and i am the boi with
my ass up on your sofa
falling to pieces
falling into and onto your thickness
until we are both drowned men

flower boy fuck me gently

my mother used to grow roses!

above our heads. in the
old garden where i think she
was happiest, or, as close
as she could get and

my mother used to grow roses!

tall and brambled and wild and
peeking over the neighbour's wall and
honey-humming and
full to bursting and

my mother used to grow roses!

and her fingers for thorns and
her throat for a stem and
my throat choked quiet and
the beatings! the beatings! the beatings!

my mother used to grow roses!

and my father's hand slicing
through my brother's face like
frosted birthday cake through
smiling children's lips and

my mother used to grow roses!

and sometimes i would scream
when she would hit me: thunder and rain
without a cloud in sight. but as i got older
i found a place to store them for winter and

my mother used to grow roses!

and my body: all static. my body: all
rumbling sky. my body: a placeholder, a
metaphor, a phantasma of a grief not of my
own making but threatening to unmake me and

my mother used to grow roses!

tall and brambled and ▇▇ and
 and
▇▇▇▇▇▇ and
▇▇▇▇▇▇ and

they don't seem to grow at all anymore

in my mother's garden

155

Let me tell you of that which I have
lost so I might
sew an ever unfurling sea of sunflowers
from these pits of Hades
I, the Morning Star
I, the Queen of Heaven
Sister to Ereshkigal
I, Maris Stella
I, lover of Ares
Wife of Joseph
Mother of Hermaphroditus
Born of the severed genitals of Ura-
nus, Father Sky
I, the many-faced spectre of love
Second planet from the sun
Call me by name
Kgoshigadi ya Legodimo.
Mma wa Modimo
That which was smothered to death in the
ivory chamber of my mouth at birth
And rises stillborn at every utterance
of my mother's tongue
I who have descended to the underworld
Stripped and struck dead
My body hung from a hook
my disgrace for all and sundry to behold
My shame a spectacle

I, Ishtar
I, Inanna
I, Afroditi
I, Isis
I, Venus
I, Ọsun
I, Mariá
I, _____
I, _____
I, _____

ROSE OF SHARON,
FLOWER OF THE FIELD

i was made a punchline
before i could become
a person, and, though a
victim, i have also
been a perpetrator

disgraced and
dethroned, i
wear a crown
with many thorns

jesus wept

yes
i have wrist bones made
of glass
  no
nothing, and yet everything,
has broken
  maybe
tomorrow is a place where we can
store the splintered pieces
  might
be time to start counting
the window panes again

  an exit

    also a way to find
    another welcome
  home

    nowhere closer than
      it was before
  i

    don't believe in
       the future
  but

    i give it everything i
     can carry

  in these

      my two hands made
      for shaking

temperance

some things don't change
i still drink wine straight from the bottle
just like B____ taught me
said,
>	*this is how the brazilians do it*

a habit borrowed from his south american lover
and,
now,
a secret i'd meant to keep for myself

>	no matter

the best secrets are the ones you can't keep
and besides
how else would i know how much time has passed
if i couldn't mark it with another alcoholic stumble
down memory lane

>	*i wish i could be more creative with my grief*
but the best secrets
are the ones you can't keep
so let this be something of an ad hoc
eucharist: the body broken for you

my body broken for you
again and again and again and
damn it
i can still feel your hair
underneath my fingertips

maybe this time

162

i have so many secrets:
a collection for each
season. when spring comes
around i turn sour in my

own sweet. a mess of
sweat and spit and *please,
please, please!* summer is for
hunger. i eat until i throw up,

lick the floor clean until
the leaves start turning amber
and i can lie still under
blankets of bloody handprints.

in winter i dream of the
shadow becoming so long
i can cross them into the
underworld. i count my

blessings and chalk up another
death. it's oh so quiet, i can
ask the questions that i don't
dare to ask under the sun's light:

1. how do i *feel* after this?
2. how do i crawl back into the
cave of my body and 3.   light a
fire for the heat and not the burn?

☞

to say it plainly, i *am*
bursting with my own
want! reeking! wanting a
dick inside of me for

a hunger with no axis!
      a mouth by any other name
      would be just as sweet. A mouth
      by any other name would be just...sweet

there's a less complicated way
to say this. i think it starts with
fuck and ends with *me*. i want you
to end in me. horizon to sun

set. dusk to dawn. seed to
harvest. if we pull the grain from
the ground at just the right time, if the
grain can be ground into meal, meal

into flour. we might have enough
bread to see us through this interminable
famine. there might be something
like life after love. an unconsecrated

sacrament. so, yes: holy spirit, mother
mary, soft god(dess) of the erection,
warrior of the wet tongue, apostle of
gaping assholes, i am asking for

it. on my knees; tongue
outstretched. i am begging to be
fed on bread and bread
          alone

---

touch hungry & leaking

I. (EGG)

take your trauma / your trauma takes you
what are you left with
the age old question
of what came first
you or your trauma / your trauma or you

II. (STAIRWAY)
i think i'll need a skylight
a pair of scissors and some
willing flesh
a boy with
too-big-hands
something dark
behind his
irises

i think i'll get down on my
knees again and
find that old tongue rattling
back to life under my
soft palate
rustling like hymnal pages as they
hummingbird in church

i think i'll tell god about
the hard season
how i went scratching through the
topography of my body
like some crazed archaeologist
looking for ruins
for something that this world had long forgotten

III.
look dad, i'm a monument!
it's true
animate testament to colonial contact
a vector without pause
look, i'll prove it
pry open my jaw and dare tell me you
don't see all these glimmering
white teeth
shining brighter than the
queen's kitchen set

and you know she knows a thing or two
about polishing stolen silver
until all it can do is shine
until all she can do is scream
    mine!
and god be damned if i am
not a quick learner
god be damned if i
didn't see what it would mean
for me to survive my life

and live anyway
god be damned!

(don't you know) even uncle tom gets the blues

gorge (*noun*):
    a full empty, a sharp open
gorge (*verb*):
        to fill, to fall, to flail,
        to break with full filling

i can't write like i used to
not with everything lying under
this sheet of alcoholic hum
nothing vibrating but everything
        hum, hum, hum
like the refrigerator in the night
or the washing machine spilling
over its own load

sorry liver
sorry kidney
sorry ascending and descending colon
sorry thrice holy body:
thrice forgotten
thrice milk spilt
thrice split lip
thrice opening and opening and opening

i've always loved the word gorge
the shape your mouth has
to make to say it
the emptiness it leaves in its wake
as though making space for itself
to fill itself with its own absence
the idea of something so filled with
nothing it warranted a word

                    a disappearance so complete
                        it took on materiality

                    _____

                    and it shall be opened unto you

and so it was winter
so i was starving
so every mouthful
was a   rationed miracle
every raindrop a flood

so it was take anything
     at arm's reach   and pull
so it was cut down the trees
build the boat
take the animals   two by two

when you live like this
you can survive on the absence
of your own longing
     i would count the hours
the nights

the shadows
how much more hunger
there was of me than me
an echo with no sound
i named my hands after something biblical

and everything they touched: ash
everywhere my feet lay: salt
everything dredged up from the sea bed:
               lost, lost, lost

lot's wife and the name we forgot

i cannot count love without loss
live without death
tip without a calculator
some things just go together

loud as sunlight through the curtains
on all the mornings that saw me
weeping the night through
some things just go together

my hand in between my own fingers now
reaching for the phantom flat of your back
or the spectral curl of your hair
against my forehead

that you made a mountain
how you took my sternum for cliff face
your forearms so good for climbing
for slicing oranges into morbid grins

the hemisphere of my brain humming something
like apocalypse
learning to breathe with my mouth closed
calling the drowning body Atlantis
and all the ones before us queens and kings

there is no need to grieve the undying
there is no where to bury that which lives on
call it intergenerational trauma
or the faint cry of a people not yet done living

---

sodom and gomorrah

172

sometimes i am so lonely
even my chest bone
echoes
the problem being that
    wherever i go
this haunted body
goes with

epithet

this is how it happens:
a disappearance
a sock in the laundry
a sternum that leaks

the dam wall breaks
and we never swim again
never dare to dip our toes into
the infinite possibility of drowning

every body of water is a burial
who would know sustenance if not for scarcity?
who would know presence
without his shadow absence?

i'm trying to say something profound here about loss
but if you know the thing you the thing
and you know:

    you're gonna carry that weight!

from Calvary to Galilee

in the desert you cannot cry

if i don't ask, you
need not tell.
    i thought i could
    get away with this.

if you close your eyes at the precise
moment of a car crash would
everybody make it out alive?
    i thought i could away with this.

memory is the closest thing we
have to viable human cryonics.
we, who should be
halfway to colonizing Mars by now.

we, who were promised flying
cars and now can barely wake
up in the mornings enough to wade
through what it is we have done here.

if i closed my eyes at the time
everything was said and done,
maybe there would be less
pills on my kitchen counter. less pages

spilling over with why
    why why why

i promise
there is a world in which we
did not unseam each other.

i promise
there is a world in which we
were only good to one another.

i promise
there is a world in which i
sleep through the night and
you never left and
i never yelled and
nothing broke and
there is no scar tissue and
we are not still mending

i promise,
But it is not this one

don't ask

glory to the meek
glory to the body trodden underfoot
glory to the soft light of mourning
beckoning us ever heavenward

glory to the silence and the outrage
the quiet violence that dare not speak its name
but speaks ours in our darkest hour
and says our time is spent

    oh! but the sleeplessness!
    the heartache!
    generations of it pooling at our feet!
    a Red Sea with no parting!

        they don't know
      when you shoot a black body
       you shoot an invocation
        //hands up don't shoot//
      a nexus of clapping hands
        //hands up don't shoot//
       a conjuring of spirits
        //hands up don't shoot//
        a wellspring
        //hands up don't shoot//
   that the blood that spills is holy water
        //hands up don't shoot//

they don't know of the joy and the bellyache and the burial grounds
and the ring-shout and the waking fear and the restless bones and the
withering spines and the ancestors and the sacrifice and the give and
the gif and the grief that has no name but will swallow yours whole

they don't know the price of the ticket and yet they still want to ride

my mother has a voice
my father has a face
when i was born they named me unity so that they will never be apart
and i can know that should all else fail i have earned my namesake

the work:
to love unconditionally
to love unendingly
i only have love so i give it unsparingly

until my chest is empty and i am collapsing into my self in parts
then the god of small things takes me and breaks me
and there is more love to give
glory to the miracle of love that is unceasing

to know that the cup runs over
and when it is emptied will be filled again
glory to the miracle of two hands
one for receiving and one for letting go
glory to the humility that meekness brings
glory to the knees that cannot straighten
there is a seat for you at the table of the undying
and when they come for you

let them know that you have known good love and
have loved well and therefore have nothing to fear
let them know how your voice was a piercing
cry all through the black night of your existence

that the tears fell even when unbeckoned
that you unzipped your sternum and made
of yourself a safe haven and would not let
any frail thing be turned away

let them know that you were broken bread and spilt wine
	holy! holy! holy!
thrice blessed and thrice favoured
let them know that where they bury you there will grow seeds

griefsong

holy holy holy bottle
holy blackout
holy four hours of sleep
holy headache
holy light of day
holy hangover
holy pill after pill after pill after
holy unravelling
holy drunk before midday
holy ghost
holy take me to the place where judas kissed jesus
holy i want to remember what he tasted like
holy turn my water into wine
holy paint my face with your holy seed
holy keep me on my knees
holy fuck me sanctified
holy fuck me happy
holy fuck me normal
holy help me make it through another day

amen
again
again, amen

morning eucharist

I.
have you heard of the one
about the boi who cried wolf?
their tears laid into their flesh
until there was nothing left but bone

      what they will not tell you about grief
      is that it hunts in packs
      hunts to kill!
      stalks its prey with carnivorous intent

II.
once upon a once, all their sadness would collect
in their back: a nest of glass encasing a spine
such a body can be many things
every piece in an armoire of fine china

III.
in the world that is not this one
all the crushed glass in their back
transmutes into crystalline feathers. they are
sainted: the winged patron of grieving wolves

> a howl to the moon
> a clarion call for every ghost left unhaunted
> > *back into your graves!*
> even the dead need rest

> in the world that is not this one
> we will stalk the plains of our suffering and
> call every sadness by its name
> make a meal in this tundra

> we will eat until we are full
> and weep until we are drowned

wings

jesus was a faggot
jesus liked it rough
jesus was a masochist
jesus liked whips and chains
(sometimes nails)
jesus had a safe word
no one remembers it
no one dares try

jesus was femme
jesus had wrists so limp
they had to nail them straight
send him to conversion therapy
jesus didn't make it
jesus' mother wept
jesus' mother wept
jesus' mother wept

jesus was a drag queen
jesus served face
for   the   gods
jesus had a drag name
jesus had many drag names:
jehovah gyrate
jehovah nississy
jehovah shame-lom

prince of penises
prince in pieces

jesus was a power bottom
jesus had daddy issues
jesus was a dzaddy
jesus was an otter
jesus was a cum slut
a holy ghost covered in semen
jesus let so many men inside of him
he became an ocean

his lovers
fishers of men

jesus didn't know how to make boundaries
jesus practiced ethical polyamory
he gave until there was nothing left of him
and on the day he disappeared
his body became a tomb
and jesus wept
god, jesus wept

jesus thesis

Though much is known about the early childhood of Jesus of Nazareth and his ministry from his late twenties, there are no historical documents that help us divine with certainty just where and what our dear Lord and Saviour was up to between the ages of twelve and twenty-nine: *The Lost Years of Jesus.*

Some scholars posit that it was most probable that he was apprenticing with his father, Joseph, as a carpenter. In the late medieval period there appeared Arthurian legends that the young Jesus had been in Britain. In the 19th and 20th centuries, theories began to emerge that Jesus had visited Kashmir instead, or had studied with the Essenes in the Judea desert.

And, yet, there exists another theory for how Jesus spent those years...

MAN OF SORROWS,
A TENDER SHOOT

for judas

INHALT ☞

⟜ CONTENT

MAN OF SORROWS, A TENDER SHOOT

"If God is omnipotent and omnipresent then everything is a prayer."

JULIE NKADI

JESUS THESIS
and other Critical Fabulations

poems by

KOPANO MAROGA

translated by Ralph Tharayil

bilingual

akono

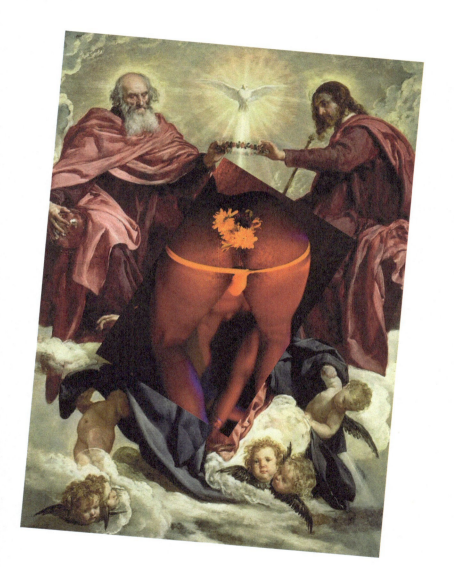